100 zabaw
dla dzieci 2-letnich

Tytuł oryginału:
Jeux & activités pour votre enfant

© Éditions Retz, Paryż, 1991

© Copyright for the Polish edition by Siedmioróg, 2000

ISBN 83-7254-165-5

Wydawnictwo Siedmioróg
ul. Świątnicka 7, 52-018 Wrocław
Księgarnia wysyłkowa Wydawnictwa Siedmioróg
WWW.SIEDMIOROG.COM
Wrocław 2002

100 zabaw
dla dzieci 2-letnich

Tekst:
Catherine Vialles

Ilustracje:
Philippe Matter

Opracowanie wersji polskiej
na podstawie wydania francuskiego:
Joanna Rodziewicz

Siedmioróg

Wstęp

To już dwa lata! Twój mały odkrywca, pełen nienasyconej ciekawości świata, każdego dnia przeżywa nowe przygody. Jego poczucie równowagi jest jeszcze niepewne, język ograniczony, ale ani niezdarność dziecka, ani ograniczona cierpliwość nie zdołają zahamować jego entuzjazmu do wspólnej zabawy. Możesz więc wykorzystać tę jego gotowość do różnych, nawet improwizowanych gier, tym bardziej że to, co zrobicie razem, ma w jego oczach wielką wartość.

100 zabaw zaproponowanych w tej książeczce odpowiada trzem kierunkom rozwoju dziecka w tym wieku: poznanie własnego ciała, ćwiczenie ruchu i kształcenie umiejętności wysławiania się. Zabawy zostały dostosowane do różnych sytuacji codziennego życia: dom, plener, podróż pociągiem czy samochodem, środowisko miejskie lub naturalne. Proponowane zabawy nie wymagają specjalnego sprzętu i mogą być improwizowane niemal w każdych warunkach. Nie wszystkie zabawy muszą od razu wzbudzić entuzjazm dziecka, nie trzeba się wtedy zrażać, ani zmuszać dziecko do zabawy. Liczy się tylko potrzeba i przyjemność wspólnego działania.

*	*Łatwe*
**	*Dość trudne*
***	*Trudne*

 Sprawność manualna

 Aktywność fizyczna

 Zmysł obserwacji

 Zabawa indywidualna

 Zabawa w plenerze

 Inwencja plastyczna

 Majsterkowanie

 Zabawy zbiorowe

 Zabawa we wnętrzu

 Ćwiczenie języka

 Zabawy budujące więź emocjonalną, relaksujące

Raz, dwa, trzy, Baba Jaga patrzy!

Stajesz plecami odwrócona do dziecka. Malec od razu zaczyna szaleć: skacze, robi dzikie miny, macha rękami — wszystko, co tylko przyjdzie mu do głowy. Po chwili mówisz: — Raz, dwa, trzy, Baba Jaga patrzy! — i szybko odwracasz się do niego przodem. Wtedy maluch zamiera w ostatniej pozie i stoi tak nieruchomo aż do momentu, kiedy znów staniesz do niego tyłem. „Spektakl" możecie powtarzać wielokrotnie.

** Zabawa uczy panowania nad sobą, „wyciszania" się na zawołanie. A poza tym jest naprawdę śmieszna.

Bałwanek

Ze starych, już za małych ubranek twego dziecka wybierz kombinezon, najlepiej biały, parę skarpetek, rękawiczki i czapeczkę. Wypchaj to wszystko szmatkami, papierem, watą — wszystko jedno czym — nadając ubranku ludzki kształt. W ten sposób powstanie lalka przypominająca bałwanka. Postaraj się, żeby buzia, zrobiona z gałganka, miała czarne oczka, czerwony nosek i usta od ucha do ucha. Dziecko z zapałem będzie ci pomagało w wypychaniu lalki.

Chociaż zrobienie bałwanka zajmie ci sporo czasu, kukiełka przyda się do wielu wspólnych improwizowanych zabaw. Poza tym dziecko wypychając lalkę poznaje części ciała ludzkiego i ma ogromną satysfakcję, że samo zrobiło zabawkę dla siebie.

Zapominalska

Wybierz sobie jakąś prostą, codzienną czynność, np. przygotowanie czegoś do picia, mycie zębów, ubieranie się. Dziecko powinno patrzeć na ciebie uważnie i podpowiadać kolejne etapy „pracy". W czasie zabawy udajesz, że zapomniałaś, co masz teraz zrobić, i czekasz na podpowiedź dziecka, a potem dokładnie wykonujesz jego polecenia. Bierzesz pod uwagę tylko te, które są precyzyjne, prawidłowe i poprawnie wypowiedziane.

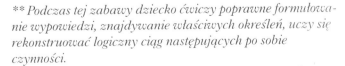

** Podczas tej zabawy dziecko ćwiczy poprawne formułowanie wypowiedzi, znajdywanie właściwych określeń, uczy się rekonstruować logiczny ciąg następujących po sobie czynności.

Chora lalka

Zachorowała lalka (może to być ten sam wspólnie zrobiony bałwanek). Dziecko musi ją wyleczyć. Czarodziejską różdżką dotyka ostrożnie wymieniane przez ciebie części ciała i... lalka już jest zdrowa. Teraz role się zmieniają: dziecko jest chore i mówi, co je boli, a lalka, oczywiście z twoją pomocą, „uzdrawia" wszystkie bolące miejsca.

Zabawa uczy, jak się nazywają części ciała. Ćwiczy pamięć.

Pierwsza własna książeczka do rachunków

Przygotuj pięć białych kartek jednakowej wielkości. Następnie pojemniczki z różnokolorowymi farbami. Pomóż dziecku ostrożnie umoczyć opuszek jednego palca w wybranej przez niego farbie i zrobić „stempelek" na kartce. Po kolei odbijcie wszystkie pięć palców. Za każdym razem dziecko powinno samo wybrać kolor. W ten sposób powstanie pięć rysunków z liniami papilarnymi palców dziecka. Ułóż równo karteczki, zrób prowizoryczną okładkę i książka gotowa. Możecie przeglądać tę „własną" książeczkę wiele razy, licząc i porównując odbite opuszki z palcami.

* Zabawa może być pierwszą próbą nauki liczenia, a także uczy, jak się nazywają poszczególne palce ręki.

Jedzie wóz

Jedzie wóz.

— Co jest w wozie?

— Koszyk.

— A co w koszyku?

— W koszyku jest słoma.

— Co siedzi na słomie?

— W koszyku na słomie siedzi kura.

— A co leży pod kurą?

— Pod kurą leży jajko.

— Co jest w jajku?

— Białko.

— A w białku?

— Żółtko.

— Co jest w żółtku?

— Igła.

— Co jest w igle?

— Dziura.

— A co w dziurze?

— Ogromny zwierz, który cię zaraz złapie!

** Zabawna historyjka w formie dialogu. Najpierw dziecko odpowiada na zadawane przez ciebie pytania, a potem odwrotnie, ono pyta, a ty odpowiadasz. Powtarzacie zabawę wielokrotnie, aż dziecko nauczy się wyliczanki na pamięć.

Plastelina z ciasta

Oto znakomity przepis na ciasto, z którego twoje dziecko może ulepić różne formy. Wymieszaj szklankę mąki i pół szklanki soli. Następnie dodaj tyle wody, aby powstała gęsta papka. Ciasto powinno być dość miękkie, ale nie może kleić się do palców. Dziecko „wyrabia" ciasto razem z tobą, a kiedy już osiągnie ono odpowiednią konsystencję i stanie się gładkie i przyjemne w dotyku, dziecko z twoją pomocą może ulepić różne figury. Możesz je włożyć do pieca — wtedy uzyskają ładny złoty kolor, jeśli nie — ciasto stwardnieje samo po jakimś czasie. To zajmująca i bezpieczna zabawa, a poza tym ciasto mniej brudzi niż plastelina lub modelina.

** Dziecko samo przygotowuje ciasto, które potem można przechować przez kilka dni w woreczku plastikowym w lodówce. Jest idealnym materiałem do lepienia różnych figur. Zabawa kształci zdolności manualne dziecka, a także pobudza jego fantazję.

Stary niedźwiedź

Łatwa i miła zabawa dla maluchów . Wybieracie niedźwiedzia, który kuca, zakrywa oczy i mocno chrapie. Inni uczestnicy zabawy stają wokół i śpiewają:

> Stary niedźwiedź
> mocno śpi.
> My go nie zbudzimy,
> bo się go boimy.
> Jak się zbudzi, to nas zje!

Przy słowach „to nas zje!" niedźwiedź budzi się i próbuje złapać któreś z rozpierzchających się dzieci. Złapane dziecko jest teraz niedźwiedziem.

** Zabawa pozwala przeżyć dziecku dreszczyk emocji —
co dzieci bardzo lubią; wyrabia także refleks.*

Świat widziany przez lupę

Daj dziecku duże szkło powiększające, może to być, oczywiście, lupa. Naucz, jak się przez nią patrzy. Skieruj szkiełko na różne, dobrze znane dziecku przedmioty w jego pokoju — patrząc na nie przez lupę odkryje świat na nowo. Potem możecie wyjść do parku, na łąkę, czy do lasu. Rośliny i owady oglądane w powiększeniu odkryją przed maluchem bogactwo i różnorodność form natury. Mrówka-gigant czy ogromne źdźbło trawy zrobią na nim duże wrażenie, którego długo nie zapomni.

* Zabawa z lupą pomoże dokonać pasjonujących odkryć, pozwoli patrzeć na świat pod innym kątem. Być może ujawni pasję odkrywczą twojego dziecka.

Ciuciubabka

W ciuciubabkę mogą się bawić dwie lub więcej osób; jeśli w zabawie uczestniczy kilkoro dzieci, zabawa jest weselsza. Wybranemu dziecku zawiązujesz chusteczkę lub szalik na oczach, sprawdzając, czy nie widzi i nie ma możliwości podglądania. Okręcasz je kilka razy tak, żeby straciło orientację, w którym stoi miejscu. Pozostali uczestnicy głośno pytają: — Babciu, na czym stoicie? — Ciuciubabka odpowiada: — Na beczce. — A co w tej beczce?— Kapusta i kwas. — To łapcie nas! — Na to hasło dzieci uciekają, a ciuciubabka je goni. Kogo dotknie, ten będzie następną babką.

  Zabawa znakomicie wyrabia zmysł orientacji i równowagi.

Podwójny miś

Spróbuj nadać ulubionej zabawce dziecka — misiowi albo lalce — różne pozy, np. siedzi z podwiniętą nogą, unosi rękę lub łapkę, chowa ją za plecami itp. Dziecko powinno dokładnie odwzorować pozę misia lub lalki i wykonywać te same ruchy. Potem możesz odwrócić role: dziecko pokazuje, co miś powinien „wykonać", a miś z twoją pomocą wykonuje polecenie dziecka.

Zabawa pomaga panować nad swoim ciałem, obserwować i odwzorowywać precyzyjnie różne ruchy, ćwiczy przy tym mięśnie.

W czasie burzy

Połóż się na plecach, najlepiej na podłodze, unieś kolana tak, żeby dziecko, siedząc na twoim brzuchu, mogło się o nie oprzeć. Podajcie sobie ręce, aby „kapitanowi" na statku łatwiej było utrzymać się na powierzchni. Uwaga! Zaczyna się burza. Unosisz brzuch i biodra, kołyszesz nimi na boki, opuszczasz gwałtownie kolana... tak długo, dopóki wystarczy ci sił. W końcu morze się ucisza, dopływacie szczęśliwie do brzegu.

* Znakomite ćwiczenie na wyrobienie u dziecka zmysłu równowagi.

Ustawiamy kartony

Kartonowe pudła — mniejsze i większe — pomogą dziecku uporządkować swój pokój lub kącik na zabawki. Możecie wykorzystać zwykłe kartonowe pudła ze sklepu, na przykład po ciastkach czy cukierkach. Posegregujcie razem wszystkie „skarby" dziecka i do każdego pudełka włóżcie jeden rodzaj zabawek — np. klocki, samochodziki, zwierzątka itp. W widocznym miejscu na pudełku naklejcie kolorowy rysunek przedstawiający zabawkę, która jest w środku.

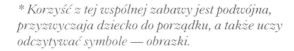

* Korzyść z tej wspólnej zabawy jest podwójna, przyzwyczaja dziecko do porządku, a także uczy odczytywać symbole — obrazki.

Hop do wody!

Dzieci stają na obwodzie dużego koła narysowanego albo kredą na podłodze, albo patykiem na piasku. Środkiem tego koła może być na przykład kałuża, a dzieci — żabkami. Dzieci stają gotowe do skoku na twoje hasło. Jeśli krzykniesz — Hop, do wody! — wskakują do koła, a jeśli — Hop, na brzeg! — stoją nieruchomo. Maluchy, które się pomylą, odpadają z zabawy.

* Zabawa jest dobrym ćwiczeniem refleksu i szybkiego reagowania, uczy również uważnego słuchania.
W zabawie może także brać udział tylko jedno dziecko.

Zabawa w berka kucanego

Umawiasz się z dzieckiem, że najpierw ono jest berkiem, czyli tym, który musi cię gonić i złapać. Ale to nie takie proste! W ostatniej chwili, gdy berek jest tuż, tuż, kucasz, a wtedy „złapanie" się nie liczy. Berek musi cię dotknąć, gdy jesteś w pozycji wyprostowanej. Kiedy mu się to w końcu uda, ty jesteś berkiem, a dziecko ucieka i stara się kucnąć w porę.

* *Jak zwykle tego rodzaju zabawy, i ta wyrabia refleks.*

Mały drukarz

Dzieci lubią zbierać liście, ale potem nie wiadomo, co z nimi zrobić. Po każdym spacerze wybierzcie razem te najładniejsze i najbardziej kolorowe, np. liście kasztana, klonu czy dębu. Można je zasuszyć między kartkami starego kalendarza. Kiedy już wyschną, przygotuj pojemnik z kolorową farbą — kolor wybierze dziecko — i duży arkusz białego papieru. Każdy z liści zanurzacie w farbie i układacie równo na papierze. Różne kształty liści, odbite na białym tle, tworzą ładny wzór. I oto papier na świąteczne podarunki, własnoręcznie przygotowany, jest gotów!

** Dziecko aktywnie uczestniczy w przygotowaniu opakowań na gwiazdkowe prezenty.

Łowimy rybki

Ciasto do lepienia rybek mamy już gotowe w lodówce (mąka, sól, woda). Jeśli trochę wyschło, trzeba dodać wody. Teraz możecie przystąpić do lepienia rybek. Możecie to robić wspólnie, ale wykończenie pracy należy do ciebie: zanim ciasto stwardnieje, do każdej rybki przyczep pętelkę z nitki albo cienkiego sznureczka. Następnie trzeba przygotować wędkę: do patyka przywiąż kawałek żyłki nylonowej, a na jej końcu umocuj zagiętą szpilkę. Ryby z ciasta nie potrzebują wody, rozłóż je na podłodze. Udanego połowu!

*** *Zabawa w rybaka ćwiczy cierpliwość i precyzję ruchów. Poza tym dziecko podczas łowienia na haczyk uczy się koncentracji.*

Gra w kolory (1)

Przygotuj dwie jednakowe kartki papieru i wykreśl na nich dziewięć jednakowych kwadratów. Następnie jedną z kartek potnij wzdłuż wykreślonych linii. Przygotuj dziewięć różnych farb i teraz zaproś do zabawy dziecko. Powinno zrobić wybranym kolorem taki sam, prosty znak (może to być tylko kolorowa plamka) na dużej kartce i na odciętym kwadracie. Gra gotowa: plansza z dziewięcioma prostymi znakami i dziewięć kartoników powtarzających te znaki. Dziecko wybiera jeden z rysunków spośród pociętych karteczek i szuka odpowiednika na planszy. Przykrywa bliźniaczy rysunek, a ty przytwierdzasz kartkę przylepcem. Możesz zrobić kilka kopii gry, wtedy weźmie w niej udział kilkoro dzieci. Wygrywa to dziecko, które pierwsze przykryje wszystkie rysunki na planszy.

* Zabawa uczy rozróżniania kolorów i kształtów.

Wielbłąd na plaży

Wypełnij wiaderk do połowy piaskiem o i postaw je na plecach dziecka chodzącego na czworakach. Maluch musi mieć proste plecki, aby utrzymać ten „garb". Niedaleko zakop w piasku łopatkę, do której wielbłąd musi do dotrzeć. W zabawie może brać udział więcej dzieci — wygrywa to, któremu uda się dotrzeć do łopatki i nie zrzucić „garbu".

*** *To trudna zabawa, dziecko musi bardzo uważać,*
aby nie zrzucić wiaderka i ostrożnie zbliżyć się do łopatki.

Pod mostem

Połóż się na plecach na podłodze, rozłóż szeroko ręce. Następnie unieś biodra tak wysoko, jak tylko zdołasz. Dziecko czołga się pod tobą jak pod mostem, tam i z powrotem. Przerywacie zabawę, kiedy się zmęczysz.

Wspólna gimnastyka — pożyteczna także dla ciebie — jest dla dziecka świetną zabawą.

Bawimy się w kręgle

Ustaw w przestronnym miejscu, np. w korytarzu pięć lub sześć dobrze zakręconych plastikowych butelek z wodą. Usuń wszystkie przedmioty, które mogą przeszkadzać w zabawie. Daj dziecku piłkę tenisową i pokaż, jak ma się nią posłużyć, aby potoczyła się po podłodze i przewróciła butelki. I to wszystko. Proste, prawda?

* W czasie gry dziecko ćwiczy pewność ręki i celność rzutu.

Uciekaj, myszko!

Zabawa dla kilkorga dzieci. Pomóż im zdecydować, które z nich będzie kotkiem, a które myszką. Pozostałe dzieci mocno trzymają się za rączki, tworząc koło. W środku koła stoi myszka, a poza kołem — kot. Wszyscy śpiewają:

> *Uciekaj, myszko, do dziury,*
> *niech cię nie złapie kot bury!*
> *Bo jak cię złapie kot bury,*
> *to cię obedrez ze skóry!*

Kot stara się wedrzeć do środka koła przez złączone ręce dzieci i złapać myszkę. Jeśli mu się uda — wygrywa. Teraz wybieracie nowego kota i nową myszkę.

* Zabawa ćwiczy refleks i szybką orientację.

Wyliczanka

Zacznij recytować dziecku dobrze mu znaną wyliczankę. Przerwij nagle i poproś, żeby malec mówił dalej. Potem znowu ty podejmij recytację. I tak dalej, na zmianę.

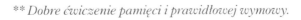

** *Dobre ćwiczenie pamięci i prawidłowej wymowy.*

Gdzieżeś to bywał, czarny baranie

Zabawa polega na prowadzeniu dialogu (między osobą doro-
słą lub starszym dzieckiem i uczestnikami lub jednym uczest-
nikiem gry). Starsze dziecko lub ty pytacie:
— Gdzieżeś to bywał, czarny baranie?
A „czarny baran" odpowiada:
— We młynie, we młynie, mój miły panie.
I dalej:
— Cóżeś tam robił, czarny baranie?
— Mełł mączki na pączki, mój miły panie!
— Cóżeś tam jadł, czarny baranie?
— Kluseczki z miseczki, mój miły panie!
— Cóżeś tam pijał, czarny baranie?
— Miód, mleczko, miód, mleczko, mój miły panie!
— Jakże cię bili, czarny baranie?
— Łup-łup-cup, łup-cup-cup, mój miły panie!
— Jakżeś uciekał, czarny baranie?
— Hopsasa do lasa, mój miły panie!
„Czarny baran", odpowiadając
na pytania, stara się gestami
przedstawić to, o czym mówi,
a więc udaje, że je, pije,
ucieka, itp.

*** Zabawa rozwija inwencję i wyobraźnię dziecka, kształci
wrodzone zdolności naśladowania.*

Układanka

Wybierz spośród zabawek dziecka klocki o jednakowym kształcie i tylko w dwóch kolorach, np. czerwone i niebieskie. Zacznij układać je w określonym porządku: czerwony, niebieski, czerwony, niebieski. Zachęć dziecko, żeby najpierw razem z tobą, a potem samo układało klocki w tym samym porządku.

** Dobre ćwiczenie uwagi i umiejętności koncentracji.

Gra w kolory (2)

Do tej zabawy można zaprosić dziecko, które już nauczyło się rozróżniać i nazywać przynajmniej kilka kolorów. Wybierz jeden ze znanych dziecku kolorów, np. czerwony, i poproś, by wyszukało i przyniosło ci (lub tylko pokazało) jakiś przedmiot w tym kolorze — zabawkę, ubranko, kwiat, kubek. Inny wariant tej zabawy: pokazujesz dziecku jakić przedmiot, a ono mówi, w jakim jest kolorze.

*** Wyrabia spostrzegawczość i uczy nazywania kolorów.*

Koszenie siana

Ty jesteś „ojcem", który kosi siano. Stajesz naprzeciw dziecka i śpiewając:

> *W poniedziałek rano*
> *kosił ojciec siano.*
> *Kosił ojciec,*
> *kosił ja,*
> *kosiliśmy obydwa!*

wykonujesz ruchy jak przy koszeniu. Maluch stara się ciebie naśladować, ale przy słowach „kosił ojciec" i „kosił ja", paluszkiem wskazuje najpierw „ojca", a później siebie.

W następnych zwrotkach zmieniasz kolejno dni tygodnia na: „A we wtorek rano", „A we środę" itd. Podobnie zamiast kosił śpiewasz: grabił, znosił, zwoził itd.

** Sympatyczna rymowanka, która może być pierwszą próbą nauczenia dziecka nazw dni tygodnia.

Układanka geometryczna

Wytnij z kolorowego papieru — czerwonego, niebieskiego i żółtego — kilka figur geometrycznych różnej wielkości. Złóż je wszystkie razem, a potem wspólnie z dzieckiem postarajcie się posegregować je najpierw według kształtu, koloru, a potem według wielkości. Naklej te wycinanki na arkusz papieru — powstanie kolorowa geometryczna kompozycja.

** Zabawa wprowadza dziecko w świat kolorów i form geometrycznych. Oswaja z kompozycją abstrakcyjną.

Ciepło, zimno

Ciocia przyniosła dziecku prezent, jest to okazja do wspania-
łej zabawy. Ukrywasz prezent w pokoju i prosisz malucha, żeby
sam go znalazł. Chcesz jednak ułatwić mu poszukiwania i na-
prowadzasz go mówiąc: ciepło, cieplej, gorąco lub zimno, lo-
dowato — gdy zbliża się lub oddala od kryjówki. Wreszcie: jest!
Wspaniała nagroda za tak ciężką pracę.

*** Wyrabia spostrzegawczość, uczy uważnego patrzenia,
a także logicznego myślenia.*

Zabawa w chowanego

W chowanego możecie bawić się we dwójkę, ale lepiej zaprosić do zabawy więcej dzieci. Najpierw „kryjesz" ty. Odwracasz się i zakrywasz oczy rękami, liczysz głośno np. do dziesięciu, a na koniec mówisz formułkę: *Pałka — zapałka dwa kije, kto się nie schowa ten kryje. Szukam!* W tym czasie dzieci muszą znaleźć sobie kryjówkę. To dziecko, któremu nie uda się dobrze schować, „kryje" jako następne.

* Stara jak świat, ulubiona przez dzieci zabawa. Wyzwala inicjatywę i pomysłowość, pozwala przeżyć dreszczyk emocji.

Gąski

Idźcie, gąski, w pole!
— Boimy się!
— Czego?
— Wilka złego.
— A gdzie ten wilk?
— Za płotem.
— Co robi?
— Łapie koty!
— Dużo złapał?
— Trzy kopy.
— Co pije?
— Pomyje.
— Co je?
— Suchy ser.
— Czym się przykrywa?
— Wilczym ogonem!

* Ten zabawny dialog wyrabia w dziecku poczucie humoru, oswaja je z abstrakcyjnymi sytuacjami.

Zgadywanka

Kiedy maluch nauczy się rozróżniać niektóre kolory, możecie się wspólnie zabawić w czasie codziennego spaceru. Mówisz dziecku na przykład: — Widzę coś różowego! Zgadnij, co to jest? Dziecko powinno rozejrzeć się uważnie i odgadnąć, co różowego zobaczyłaś.

    *W czasie tej zabawy dziecko uczy się i utrwala
nazwy kolorów. Ćwiczy również zmysł obserwacji.*

Stoi różyczka w czerwonym wieńcu

Wybrane dziecko — różyczka, oczywiście raczej powinna to być dziewczynka, staje na środku pokoju. Inne dzieci krążą wokół niej i śpiewają razem z tobą:

> Stoi różyczka w czerwonym wieńcu,
> my się kłaniamy jako książęciu
> (wszyscy nisko kłaniają się różyczce).
> Ty, różyczko, dobrze wiesz, dobrze wiesz,
> Kogo kochasz, tego bierz!

Różyczka szybko wybiera jedno z dzieci i razem skaczą lub tańczą w środku koła. Potem różyczka zajmuje miejsce wybranego dziecka, a ono pozostaje w kole i po skończonej piosence znów wybiera kolejną różyczkę.

* „Stoi różyczka" daje radość ze wspólnej zabawy, kształci umiejętności szybkiej decyzji i zaspokaja próżność dziecka.

Zabawa w ogrodnika

Kilka ziaren fasoli włóż do wody na całą noc. Następnego dnia możesz ze swoim dwulatkiem zabawić się w ogrodnika, żeby pokazać mu, jak kiełkuje, a potem rośnie fasolka. Na szklance albo na słoiku z wodą umocuj kawałek gazy, tak aby stykała się z wodą. Poproś dziecko, żeby na gazie ułożyło napęczniałe fasolki. Ziarenka zaczną kiełkować bardzo szybko, a potem wypuszczą korzonki, które przez szkło będzie dobrze widać. Trzeba tylko pamiętać, żeby ziarenka zawsze były zanurzone w wodzie.

* To doświadczenie jest dobrą, pierwszą lekcją botaniki, poza tym uczy cierpliwości.

Konfitury z leśnych owoców

Wciągu lata zorganizuj wielką wyprawę do lasu na jagody, maliny i poziomki. To wielka przyjemność zbierać razem owoce, tym bardziej że później zrobicie z nich konfitury na zimę.

Owoce już zebrane, a więc zabierajcie się do pracy! Maluch ci pomoże, jego zadaniem będzie przebranie owoców, a potem, już w rondlu, może je posłodzić i spróbować, czy są dość słodkie.

Konfitury własnej roboty smakują mu najlepiej.

*** *Wspólne zbieranie owoców i praca przy ich przyrządzaniu dają dziecku satysfakcję z uczestniczenia przy robieniu zapasów na zimę. Maluch poznaje świat smaków (słodki, kwaśny, gorzki).*

Siała baba mak

Dwójka maluchów, mniej więcej tego samego wzrostu, staje twarzami do siebie, ręce mają skrzyżowane tak, że prawa ręka jednego dziecka trzyma prawą rękę drugiego, a lewa — lewą. Dzieci robią kilka kroków naprzód, mówiąc lub śpiewając (oczywiście, dopóki nie nauczą się słów, śpiewasz razem z nimi):

> *Siała baba mak,*
> *nie wiedziała jak.*
> *A dziad wiedział,*
> *nie powiedział,*
> *a to było tak!*

Przy słowie „tak" dzieci obracają się do tyłu i znów maszerują w takt piosenki, tym razem poruszają się w odwrotnym kierunku. Ten „chodzony" taniec powtarzają, aż zabawa się znudzi.

   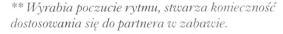 *** Wyrabia poczucie rytmu, stwarza konieczność dostosowania się do partnera w zabawie.*

Mam chusteczkę haftowaną

Zabawa ta przeznaczona jest dla kilkorga dzieci. Jedno dziecko staje pośrodku koła z chusteczką w ręku, a pozostałe, trzymając się za ręce, krążą wokół niego. Wszyscy śpiewają (oczywiście z twoją pomocą):

> *Mam chusteczkę haftowaną,*
> *co ma cztery rogi.*
> *Kogo kocham, kogo lubię,*
> *rzucę mu pod nogi.*

> *Tej nie kocham, tej nie lubię*
> *tej nie pocałuję*

(dziecko stojące w środku wskazuje, kogo nie lubi itd.)

> *a chusteczkę haftowaną*
> *Tobie podaruję!*

(teraz rzuca szybko chusteczkę przed wybranym uczestnikiem zabawy, po czym oboje na chwilę klękają naprzeciwko siebie).

Zabawa zaczyna się od nowa, a do środka kółka wchodzi wybrane dziecko.

  *** Ta wspólna zabawa ćwiczy reflechs, sprawność fizyczną.*

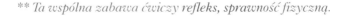

Naszyjnik dla mamy

Na dużym białym arkuszu narysuj koło. Poproś dziecko, aby podarło na drobne kawałki kartkę z kolorowego czasopisma. Te małe kawałeczki to perły, korale i diamenty, które trzeba nawlec na nitkę, czyli nakleić na narysowanym kole. Przed przyklejeniem każdy kolorowy papierek można zgnieść w kulkę, żeby wyglądał jak prawdziwy koralik. Tak pięknego naszyjnika jeszcze nigdy nie miałaś!

Zabawa ćwiczy zdolności manualne, a także wyzwala inwencję plastyczną, pobudza wyobraźnię.

Polowanie na królika

Naradzasz się z dzieckiem i postanawiacie, że ono jest małym króliczkiem. Teraz naucz je, jak skacze królik: dziecko musi kucnąć, oprzeć ręce na podłodze i złączone nóżki jednym podskokiem przybliżyć do rąk. Gdy opanuje już tę umiejętność — skacze jak prawdziwy królik — możecie zaczynać. Ty jesteś myśliwym i starasz się złapać skaczącego królika, który kica po pokoju między meblami albo w ogródku od krzaczka do krzaczka.

** *Zabawa ćwiczy koordynację ruchową.*

Latające piórko

Unieś piórko jak najwyżej i dmuchnij na nie od dołu. Kiedy zacznie opadać, inicjatywę powinno przejąć dziecko. Dmucha na nie, starając się, żeby jak najdłużej było w powietrzu i nie spadło na podłogę. Czasem musi na nie dmuchnąć z całej siły, od spodu, czasem z boku i tylko leciutko.

* Ta prosta zabawa jest bardzo pożyteczna.
Dziecko ćwiczy oddech, poznaje mechanizm oddychania.

Głucho, niemo...

Kiedy tylko wypowiesz magiczne słowa: — Głucho, niemo, nieruchomo. Stój! — dziecko, niezależnie od tego, co robi, przerywa zajęcie i zastyga „niemo i nieruchomo" w ostatniej pozie. Oczywiście zmieniacie się czasem rolami i maluch także może cię unieruchomić na chwilę.

Zabawę tę warto wykorzystać, gdy dziecko „rozrabia", złości się, płacze, a ty chcesz je uspokoić.

** Zabawa ćwiczy trudną umiejętność panowania nad emocjami, co może się bardzo przydać w przyszłości.

Zgaduj, zgadula

Ukrywasz w jednej ręce „złotą kulę", może to być koralik lub jakiś inny „cenny" dla dziecka przedmiot. Wyciągasz przed siebie obie zaciśnięte dłonie i mówisz:

W której ręce złota kula?
Zgaduj, zgadula.
Złota kula, co się tula,
złota kula, złota kula.

Dziecko zgaduje, w której ręce schowany jest koralik — w lewej czy w prawej? Jeśli zgadnie, ty teraz będziesz zgadulą, jeśli nie, chowasz ręce za siebie i przekładasz skarb. I znów zgadywanka. W zabawie może brać udział więcej dzieci — wtedy jest bardziej urozmaicona.

*** Jest to dobre ćwiczenie refleksu i spostrzegawczości.*

Świąteczne pomarańcze

Wybierz trzy duże pomarańcze. Ostrym nożykiem zrób w skórce kilkanaście dziurek, tak aby utrzorzyły kontur oczu, nosa, ust. Przygotuj sporą garść goździków i pokaż malcowi, jak ma je umocować w otworkach.

Pierwsza pomarańczka jest już gotowa — wyszła na niej mina zdziwiona, na drugiej — wesoła i uśmiechnięta, a na trzeciej — zła. Wszystkie trzy pomarańcze połóż blisko kaloryfera, w czasie świąt będą pięknie pachnieć w całym pokoju.

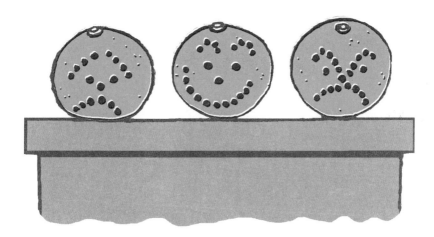

** *Ćwiczenie wyrabiające precyzję i dokładność ruchów daje dziecku satysfakcję aktywnego udziału w przygotowaniach przedświątecznych.*

Taniec cieni

Wieczorem, kiedy zapadnie zmrok, skieruj światło lampy albo latarki na ścianę. Stań razem z maluchem w smudze światła — między lampką a ścianą. Na ścianie pojawią się wasze cienie — zabawne, może trochę pokraczne sylwetki. Cienie mogą rosnąć lub zmniejszać się w zależności od tego, gdzie staniecie. Gdy zaczniecie wykonywać różne ruchy — cienie ożyją. Pod koniec zabawy włącz muzykę taneczną i poruszajcie się w jej rytmie — a cienie będą tańczyć razem z wami.

Zabawa pozwala dziecku wykorzystać nowy środek ekspresji — gestami wyrazić radość, złość, rozpacz itp. Oswaja je z ciemnością.

Balonik

Zabawa balonikiem jest prosta i bezpieczna. Lekki balonik łatwo daje się złapać, podbić wysoko. Zachęć dziecko, aby w tej zabawie posługiwało się nie tylko rączkami, ale i głową, nogą, ramieniem, a nawet brzuchem.

  Zabawa balonikiem to dobre ćwiczenie gimnastyczne, które wyrabia refleks.

Latająca bajka

Opowiedz dziecku wymyśloną przez siebie bajkę, w której będą występować różne latające stworzenia, np. ptak, komar, motyl, i przedmioty, np. latawiec. Dziecko musi słuchać bardzo uważnie i za każdym razem, kiedy w bajce pojawi się zwierzę ze skrzydłami, samolot, czy helikopter — maluch powinien zamachać rączkami, naśladując ruch skrzydeł.

*** *Ta miła zabawa uczy uważnego słuchania, koncentracji, a także ćwiczy refleks.*

Poszukiwacz skarbu

W „poszukiwanie skarbu" może się bawić na plaży lub w piaskownicy kilkoro dzieci. Uczestnicy gry umawiają się, co będzie ich skarbem: pierścionek ze szklanym oczkiem, kolorowe szkiełko, muszelka. Wybrane dziecko ukrywa skarb w górce piasku — pozostali uczestnicy w tym czasie muszą się odwrócić — następnie robi tyle kopców, ile dzieci bierze udział w zabawie. Teraz każdy maluch wybiera sobie jeden kopiec i szuka w nim skarbu. Szczęśliwy znalazca w nagrodę chowa skarb w następnej kolejce gry.

Reguły tej gry są tak proste, że może ona być pierwszą zabawą wdrażającą dziecko do gier zespołowych.

Do widzenia, biedroneczko

Biedroneczko, biedroneczko,
leć do nieba.
Przynieś mi kawałek chleba.

Ten prościutki wierszyk, stary jak świat, znają dzieci każdego pokolenia. Dziecko powtarza rymowankę, gdy tylko zobaczy biedronkę, a jeszcze lepiej, gdy uda mu się ostrożnie posadzić ją na rączce. Wtedy delikatnie na nią dmucha, a owad rozkłada skrzydełka i leci do góry. Zawsze sprawia to wielką radość, bo dziecko myśli, że biedronka spełnia jego życzenie.

* Najprostsza zabawa, uczy szacunku i sympatii do przyrody.

Łatwy wzór

Na podłodze albo na stole ułóż z kawałka sznurka, nitki czy łańcuszka — z tego, co masz akurat pod ręką — prosty wzór. Może to być koło, wąż, spirala. Teraz zachęć dziecko, aby jak najdokładniej odtworzyło twój wzór.

** Zabawa wyrabia precyzję ruchów,
uczy uważnego patrzenia.

Sałatka owocowa

Każde dziecko rwie się do pomocy w różnych domowych pracach. Wykorzystaj te dobre chęci, kiedy będziesz przyrządzać sałatkę owocową. Nożem o zaokrąglonym końcu maluch może pokroić na kawałki banana, obraną gruszkę, jabłko, a na koniec posypać owoce cukrem. Praca ta da mu satysfakcję, że uczestniczy w przygotowaniu kolacji.

W czasie tej wspólnej pracy dziecko może przyswoić sobie takie pojęcia jak rzadki, gęsty, twardy, kwaśny itp. Pole do popisu ogromne!

Uwaga! Czerwone światło

W tę grę bawi się kilkoro dzieci, które dzielą się na dwie grupy: zieloną — to piesi, i czerwoną — to pojazdy. Piesi mają na szyi zawiązane chusteczki. Kartonowe kółko, z jednej strony pomalowane na zielono, z drugiej na czerwono, symbolizuje światło sygnalizacyjne. Piesi i pojazdy krążą swobodnie po ulicach, aż do momentu, kiedy dziecko prowadzące zabawę podniesie do góry kartonik. Czerwone światło: pojazdy kucają, a piesi nadal krążą między nimi. Jeśli potrącą pojazd, odpadają z gry. Światło zielone: piesi kucają, a pojazdy ruszają szybko, jeśli nastąpi kolizja pojazdu i pieszego — z gry odpada pojazd.

Zabawa ćwiczy spostrzegawczość i refleks.

Moja Ulijanko!

Ty śpiewasz lub recytujesz, a twoja „Ulijanka" wykonuje gesty mające naśladować czynności z piosenki.

> Moja Ulijanko,
> klęknij na kolanko,
> podeprzyj se boczki,
> chwyć się za warkoczki!
> Umyj się!
> Ubierz się!
> Uczesz się!
> Kogo chcesz, tego bierz! —

i padacie sobie w objęcia.

Dziecko musi uważnie słuchać i bardzo się starać, by się nie pomylić i nadążyć za słowami piosenki.

* Dobra zabawa na ćwiczenie uważnego słuchania i refleksu.

Krik! krak!

W „Krik! krak!" gra się we dwójkę. Głośno liczycie — najlepiej razem — do trzech. Po liczbie „trzy" wykrzykujecie — również razem — słowo „krik!" albo „krak!" Jeśli wybierzecie to samo słowo, gratulacje! Teraz na pewno spełni się jakieś wasze życzenie. Jeśli ty krzykniesz „krik!", a dziecko „krak!" — powtarzacie zabawę tak długo, aż znów uda się krzyknąć razem „krik!" albo „krak!"

Niewinny hazard i... dużo śmiechu!

Wielkolud i krasnoludek

Zabawa w krasnoludka i wielkoluda polega na tym, że najpierw dziecko stara się być jak najwyższe: staje na paluszkach, podnosi ręce i wyciąga, wyciąga się jak najmocniej. W tej pozycji stara się wytrwać przez chwilę — prawdziwy wielkolud, Następnie opuszcza ręce, kuli się, kuca — teraz jest malutkie jak krasnoludek. Potem znów powolutku wstaje i podnosi rączki — powtarza ćwiczenie kilka razy.

*Jest to świetne ćwiczenie rozciągające.
Wyrabia również równowagę.*

Kompot z jabłek

Razem przygotujcie — od początku do końca — jakąś prostą potrawę. Może to być na przykład kompot. Wspólna praca w kuchni będzie znakomitą okazją do zdobycia przez dziecko nowych doświadczeń. Zacznij od przygotowania wszystkich potrzebnych produktów. Następnie poproś, by dziecko pokroiło na kawałki (nożem o zaokrąglonym końcu) obrane przez ciebie jabłka. Mały pomocnik sam wkłada je do garnka z wodą i dodaje cukru. Sam decyduje, czy kompot jest wystarczająco słodki. Przygotowany własnoręcznie — będzie mu smakował wybornie.

Doświadczenia z pracy w kuchni są bardzo pożyteczne dla rozwoju dziecka, uczą również zgodnej współpracy z innymi.

Sroczka kaszkę warzyła

Przytrzymaj otwartą dłoń dziecka. Stukając rytmicznie palcem w środek jego dłoni, mówisz:

> *Sroczka kaszkę warzyła,*
> *swoje dzieci karmiła.*
> *Każdemu dała po troszeczku.*

Potem, zaginając po kolei paluszki dziecka, wyliczasz:

> *Najmniejszemu w naparsteczku,*
> *drugiemu na spodeczku,*
> *trzeciemu w kubeczku,*
> *czwartemu w garnuszeczku.*
> *A piątemu łepek urwała i frrr! do lasu poleciała!*

Po słowie „frrr!" dziecko macha rączkami, naśladując srokę.

    Pierwsza nauka liczenia, a poza tym przyswojenie pojęć: na, w, do.

Halo!

Wyłącz na chwilę telefon i pozwól dziecku, żeby wykręciło numer do kogoś z rodziny, do babci, cioci lub starszej siostry. Zachęć je do rozmowy z wyimaginowanym rozmówcą, do opowiedzenia na przykład, co się ostatnio zdarzyło. A może zechce wyznać do słuchawki jakieś swoje pragnienia czy wątpliwości?

* Zabawa z telefonem jest dobrym ćwiczeniem umiejętności formułowania i wyrażania myśli; dziecko uczy się również relacjonowania jakiegoś wydarzenia.

Klatka z lwem

W tej zabawie twoje dziecko jest lwem. Siedzi wygodnie na piętach i ryczy — nie głośno — otwierając jak najszerzej buzię i wystawiając język jak u lekarza. Szczerzy zęby i wyciąga ręce, groźnie pokazując pazurki. Chce cię nastraszyć, więc udawaj, że się go boisz.

Zabawę w lwa możesz proponować jak najczęściej, bo to świetna gimnastyka mięśni twarzy.

Kryjówka w kartonie

Zwykły karton przyniesiony ze sklepu daje nieskończone możliwości zabawy. Pobudza wyobraźnię i pomysłowość dziecka —
jeśli jest dość duży — może być znakomitą kryjówką, może
służyć jako łódź, ciężarówka. Można go nosić na grzbiecie, jak
wielbłąd nosi garb, na głowie — jak robią to Murzynki, może
stać się skorupą żółwia. Im więcej pomysłów na wykorzystanie
kartonu, tym lepiej!

Zabawa pobudza wyobraźnię i inwencję dziecka.

Boję się!

Nie wypędzę krówek z rana
bo się boję Ulijana!
Ten Ulijan siedzi w lipie
i wytrzeszcza na mnie ślipie!

Recytujesz wierszyk, a dziecko przy odpowiednim fragmencie pokazuje, jak się boi Ulijana, a później, jak on strasznie wytrzeszcza oczy.

  Zabawa kształci umiejętność wyrażania emocji.

Koło młyńskie

Dzieci — zaproś do zabawy zaprzyjaźnione maluchy — trzymają się za rączki i w rytmie piosenki krążą w połączonym kole, śpiewając:

> *Koło młyńskie*
> *za cztery reńskie,*
> *kółko nam się połamało,*
> *cztery grosze kosztowało,*
> *a my wszyscy bęc!*

Przy słowie „bęc" dzieci padają na ziemię, nadal trzymając się za ręce i nie przerywając koła. Wstają natychmiast i znów zaczynają krążyć. Dużo śmiechu! Urozmaiceniem tej zabawy jest inny tekst, który dzieci mogą śpiewać na zmianę:

> *Kółko graniaste,*
> *czworokanciaste.*
> *Kółko nam się połamało,*
> *a my wszyscy bęc!*

** Ulubiona zabawa dzieci, ćwiczy pamięć, a także wyrabia poczucie rytmu. Uczy dziecko współdziałania z grupą rówieśników.

Kto to mówi?

Przy okazji imienin czy urodzin dziecka, kiedy w domu będą goście, możesz zaproponować zabawę — zgadywankę. Zakryj solenizantowi oczy — najlepiej przewiąż chusteczką lub szalikiem. Osoby zgromadzone przy stole po kolei mówią coś do malucha, a on zgaduje, kto to mówi. Żeby utrudnić zgadywanie, goście zmieniają głos, szepczą itp. Mogą również coś zaśpiewać albo naśladować głosy zwierząt.

*** *Ćwiczenie uwagi, słuchu, a także umiejętności dedukcji.*

Portret w kapeluszu

Na dużej kartce narysuj kapelusz. Następnie razem z dzieckiem poszukaj w starym, kolorowym czasopiśmie wyraźnego zdjęcia głowy zwierzęcia albo twarzy ludzkiej, wąsów, brody, okularów. Wytnij to wszystko i zachęć dziecko, żeby z tych elementów skomponowało portret według własnego pomysłu, dopasowując je do kapelusza. W ten sposób powstanie na przykład podobizna tygrysa w kapeluszu, okularach i z wąsami.

** Zabawa pobudza fantazję dziecka, a zachęcając je do poszukiwania najzabawniejszych efektów, wyrabia poczucie humoru.

Kosi, kosi łapci

Kosi, kosi łapci,
pojedziem do babci.
Babcia da pierożków
i tabaczki w rożku.

Kosi, kosi łapci,
pojedziem do babci.
Babcia da nam kaszki,
a dziadek okraszki.

Stajesz naprzeciwko dziecka lub sadzasz je sobie na kolanach i recytując rytmicznie tę starą jak świat rymowankę, uderzasz na przemian to w lewą, to w prawą wyciągniętą dłoń maluszka. Kiedy dziecko już nauczy się powtarzać z tobą słowa, ono może klaskać w twoje wyciągnięte dłonie.

* Zabawa wyrabia precyzję ruchu, dziecko ćwiczy również rytmiczną recytację.

Ukryty przedmiot

Najtrudniej jest znaleźć coś, co leży na wierzchu. Możecie — ty i twoje dziecko — przekonać się o tym, bawiąc się razem w szukanie listu. Dziecko wychodzi na chwilę z pokoju, a ty kładziesz list w jakimkolwiek miejscu, na przykład na biurku, wcale nie starając się go ukryć. Gdy maluch wraca, rozpoczyna poszukiwania, a ty mierzysz czas, jaki był mu potrzebny na znalezienie listu. Potem zamieniacie się rolami.

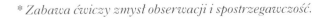

Zabawa ćwiczy zmysł obserwacji i spostrzegawczość.

Podróż na dywanie

Daj do zabawy swojemu smykowi mały dywanik. Z wielką ochotą będzie się na nim przemieszczał po całym mieszkaniu. Musi usiąść na dywaniku na kolanach i podeprzeć się rękami. W tej pozycji będzie mógł łatwo i szybko się poruszać: najpierw przesuwa do przodu po śliskiej podłodze kolana, potem ręce itd. Podróż dookoła stołu, bieg do celu, wyścigi z psem — to tylko kilka możliwości zabawy.

** *„Podróż na dywanie" ćwiczy sprawność ruchową i koordynację ruchów. Pobudza fantazję dziecka.*

Pierwsze puzzle

Wytnij ze starego, kolorowego czasopisma dwa duże zdjęcia przedstawiające jakieś zwierzęta. Naklej je na oddzielnych kartonach, a później przetnij kartony na dwie części tak, aby na przykład głowa i tułów były oddzielnie. Przed pocięciem kartonów dziecko powinno przyjrzeć się obrazkom. Teraz, po wymieszaniu pociętych części maluch ma trudne zadanie do wykonania: musi dopasować głowę do tułowia i złożyć w całość dwa obrazki.

** Zabawa wymaga koncentracji, kształci umiejętność dedukowania, no i oczywiście ćwiczy pamięć.

Nocne cienie

Wieczorem w ciemnym pokoju możesz zabawić się z dzieckiem w rozpoznawanie dotykiem różnych przedmiotów. Dziecko powinno rozpoznać i nazwać nie tylko swoje zabawki, ale także inne przedmioty.

  ** Zabawa oswaja dziecko z ciemnością i...
  nocnymi strachami.

Przekomarzanki

Wkładasz nogę do nocnika?

— Nie, do bucika!

— Wlewasz mleko do wazonu?

— Nie, do rondelka.

— Na głowę wkładasz chusteczkę?

— Nie, czapeczkę.

I tak dalej, i tak dalej można prowadzić ten zabawny dialog, aż do pierwszej omyłki. Potem role się zmieniają.

*** *Dużo śmiechu, ale nie tylko, zabawa zmusza dziecko do logicznego myślenia.*

Pociąg

Jedzie pociąg z daleka,
na nikogo nie czeka.
Konduktorze, łaskawy,
zabierz nas do Warszawy.
Trudno, trudno to będzie,
mało miejsca jest wszędzie.

Do zabawy zaproś kilkoro dzieci. Siadają na krzesełkach w rzędzie i kolistymi ruchami rączek naśladują ruch kół pociągu, rytmicznie recytując wierszyk. Ty jesteś konduktorem, pilnujesz, aby ruchy rąk dzieci były zgrane i rytmiczne. Pociąg może również jeździć po pokoju.

* „*Pociąg*" *uczy wspólnej, zgodnej zabawy w grupie,*
wdraża umiejętność dostosowania się do innych.
Wyrabia poczucie rytmu.

Jaka to zabawka?

Kiedy dziecko odwróci się na chwilę, przykryj jego ulubioną zabawkę kawałkiem materiału — może to być ręcznik, serwetka, chusta — tak aby można było rozpoznać kształt zabawki. Jeśli zagadka okaże się za trudna, możesz podpowiedzieć, z czego jest zrobiona zabawka lub jakiego jest koloru.

** *Ta prosta zabawa uczy uważnego patrzenia, ćwiczy umiejętność myślenia.*

Mało nas, mało nas!

Śpiewasz albo recytujesz rytmicznie starą i znaną rymowankę dziecięcą:

> *Mało nas, mało nas*
> *do pieczenia chleba.*
> *Tylko nam, tylko nam*
> *ciebie tu potrzeba.*

Przy słowach „ciebie tu potrzeba" bierzesz dziecko za obie rączki i kręcicie się razem w kółko. Po chwili znów powtarzasz wierszyk:

> *Dużo nas, dużo nas*
> *do pieczenia chleba,*
> *więc już nam, więc już nam*
> *ciebie nie potrzeba.*

Teraz rozdzielacie się i każde z was kręci się samo. Zabawę można powtarzać wiele razy, aż dziecko nauczy się śpiewać razem z tobą. Można do niej zaprosić inne dzieci.

  ** Ćwiczy pamięć i wyczucie rytmu, ale przede wszystkim daje dziecku radość ze wspólnej zabawy.

Dziecięca koszykówka

Kosz na śmieci może się przydać do zaimprowizowanej gry w koszykówkę. Postaw go na stołeczku i razem z maluchem ćwiczcie celne rzuty kulkami papieru. Najpierw z małej odległości, następnie, żeby utrudnić zabawę, rzucajcie papierowe piłki z daleka, obu rękami, prawą lub lewą ręką.

** Zabawa ćwiczy precyzję ruchu, celność rzutów.

Dobieramy pary

Do płóciennego woreczka włóż różne drobiazgi, tak dobrane, by każda rzecz miała swoją parę: dwie piłeczki, dwa pionki do gry, dwa samochodziki itp. Poproś dziecko, by po omacku, nie zaglądając do środka woreczka, wyjmowało odpowiednie pary. Dziecko, posługując się tylko dotykiem, musi rozpoznać podobne lub takie same kształty schowanych przedmiotów.

*** *Zabawa rozwija zdolność koncentracji i zmysł dotyku.*

Mój przyjaciel konik

Głowę szmacianego konika zrobisz z nogawki starych dżinsów. Przyszły jeździec pomoże ci ją wypchać gałgankami lub papierem. Konikowi przyszyj uszy i grzywę ze szmatek, a oczy z guzików, wokół szyi zawiąż uzdę ze sznurka. Umocuj swoje dzieło na starym kiju od szczotki. Konik gotów! Teraz już tylko posadź na nim malucha i wio! Razem wyruszają w poszukiwaniu przygód. Mogą galopować, kłusować, wykonywać różne skoki — co im podpowie fantazja.

** Ten wspaniały wierzchowiec pomoże dziecku zdobywać wyimaginowane przestrzenie i pokonywać wyimaginowane przeszkody.

Chodzę po linie!

W dniu przeznaczonym na porządki możesz dziecku zaproponować taką zabawę: przerwij na chwilę pracę, wyłącz odkurzacz, a sznur rozciągnij na podłodze. Maluch na bosaka chodzi po sznurze, tam i z powrotem. Może sobie wyobrazić, że to lina rozpięta na dużej wysokości, a pod nim jest morze pełne rekinów. Rozłożone szeroko ręce pomogą mu utrzymać równowagę.

Zabawa ta wyrabia zmysł równowagi, pobudza wyobraźnię.

Miny

Zorganizuj wielki konkurs strojenia min. Może wziąć w nim udział kilkoro dzieci. Stojąc przed lustrem wszyscy robią straszne lub śmieszne miny, rozciągają usta, szczerzą zęby, pokazują języki, przewracają oczami. Zwycięża to dziecko, które wykaże się największą pomysłowością w robieniu min.

* Ta zabawa to świetna gimnastyka mięśni twarzy, pozwala dziecku rozluźnić się, a także... wyszaleć.

Gimnastyka z poduszką

Dziecko zmienia się w małego sportowca. Daj mu niedużą poduszeczkę i zachęć do różnych akrobacji. Niech spaceruje po pokoju z poduszką na głowie; potem połóż mu ją na plecach, gdy będzie chodziło na czworakach. Pozwól mu wypróbować jeszcze inne możliwości ćwiczeń z poduszką — może chodzić trzymając ją między kolanami, łydkami itp. Kiedy wyczerpie się jego fantazja, dla rozluźnienia niech wyciągnie się na podłodze, a ty połóż mu poduszkę na brzuchu, na szyi, głowie i pod stopami.

* Spokojna i łatwa gimnastyka, pozwoli na poznanie możliwości własnego ciała. Ćwiczenie przyswaja użycie tak ważnych słów jak: między, na, nad, pod.

Bieg po skarb

Duży arkusz papier podziel na sześć jednakowych pól. W każdym narysuj kontur jakiegoś prostego przedmiotu codziennego użytku o charakterystycznym, łatwym do rozpoznania, kształcie, np. ołówka, nożyczek, widelca. Następnie poproś małego detektywa, by wyruszył na poszukiwanie narysowanych przedmiotów. Gdy odnajdzie wszystkie i położy je w odpowiednim polu, czeka go nagroda.

** W tej zabawie dziecko musi wykazać się dobrą pamięcią i inteligencją — albo pamięta, gdzie poszukiwane przedmioty mają swoje miejsce w domu, albo musi wydedukować, gdzie powinny się znajdować.

Oko w oko

Przykucnij naprzeciw dziecka i zbliżcie się do siebie twarzami — tak, żeby stykały się wasze nosy. Zamknij oczy, a potem, na raz-dwa-trzy, otwórzcie je jednocześnie. Widziane z tak bliska oczy wydają się bardzo dziwne, duże jak u sowy.

* Dużo śmiechu, ale nie tylko: zabawa daje poczucie bliskości i partnerstwa z rodzicami.

Własne słodkości

W płaskim rondelku przyrządź karmel. Gdy już będzie gotowy, poproś małego pomocnika, aby wybrał jeden z zapachowych olejków — waniliowy, cytrynowy, a może pomarańczowy. Dodaj go do karmelu. Przygotuj blachę cienko wysmarowaną tłuszczem i ułóż na niej luźno kilka czy kilkanaście patyczków. Teraz wylej na nie ostrożnie karmel, starając się nadać mu jakiś określony kształt. Gdy karmel zastygnie, lizaki będą gotowe. Mniam!

Dobry sposób na wzbogacenie świata smaków i zapachów dziecka.

Zostawiam ślady!

Przygotuj na talerzu rozpuszczoną farbę i rozłóż na stole duży arkusz papieru. Teraz do dzieła! Mały artysta macza w farbie koła samochodu i rusza nim w drogę! Na papierze robi esy--floresy, zakręty i zawijasy, to przyspiesza, to zwalnia. Koła samochodu zostawiają wspaniałe ślady. Jeśli artysta ma ochotę bawić się dalej, podsuń mu farby w różnych kolorach.

* Oprócz doskonalenia precyzji ruchów ręki, zabawa odkrywa magię łączenia kolorów, a także uczy „zagospodarowania" wolnej przestrzeni kartki.

Czereśniowy ludzik

Właśnie pokazały się pierwsze czereśnie! Można z nich zrobić wspaniałe kolczyki. Kiedy dziecko już nacieszy się nimi, jedną z pestek przyklej na niewielki kartonik. Narysuj na niej oczy, nos, usta. Z ogonków czereśni możesz zrobić tułów, ręce i nogi — ludzik jak żywy! Maluch, poruszając lekko kartonikiem, ożywi go naprawdę!

* Przykład na to, jak ciekawą zabawkę można zrobić prawie „z niczego", wystarczy tylko dobry pomysł.

Piłka naprzód!

Do tej zabawy potrzebna będzie duża, lekka piłka, najlepiej plażowa. Mały zawodnik, na czworakach, będzie ją popychał przed sobą, używając jedynie głowy — czoła, nosa, brody, policzków, nawet ucha. Dla urozmaicenia możesz zorganizować minibieg z przeszkodami. Na start!

** Nowy sposób zabawy z piłką, bez używania rąk i nóg! Dziecko ćwiczy sprawność fizyczną, a także poznaje nowe możliwości posługiwania się głową.

Puzzle

Dużą, wyraźną fotografię przedstawiającą całą postać twojego dziecka (możesz zrobić powiększoną kopię) przyklej na karton, a następnie potnij ją poziomo na trzy części. Teraz poproś dziecko o złożenie fotografii. Później, kiedy zabawa stanie się zbyt łatwa, zdjęcie potnij na mniejsze kawałki. Twój maluch będzie miał trudniejsze zadanie, ale powinien mu podołać.

** *Zabawa z fotografią pomaga w poznawaniu i nazywaniu części ciała.*

Bum!

Zgromadź w jednym miejscu dużo najróżniejszych przedmiotów, które znajdziesz pod ręką: klocki, samochodziki, nie tłukące naczynia kuchenne, książki... Rozpoczynający grę kładzie na podłodze jeden dowolny przedmiot, następny wybiera coś ze stosu i stawia to na wierzchu. I znów pierwszy budowniczy... W ten sposób powstaje piramida, która rośnie, rośnie, aż się zawali. Przegrywa ten, kto ostatni coś do niej dołoży.

* Zabawa uczy wspólnego działania, wyrabia precyzję ruchów, a także wprowadza pojęcie równowagi.

Naśladowanie głosów

W ykorzystaj wrodzony talent aktorski twojego dziecka — każde dziecko ma dużą zdolność naśladowania. Wybierzcie razem spośród zabawek na przykład robota, lalkę, misia, kotka, słonia. Teraz przyszły aktor musi n aśladować, najlepiej jak umie, ryk słonia, miauczenie kota, mruczenie niedźwiedzia, cienki głos lalki. Możecie również wspólnie zainscenizować mini-scenkę, w której wezmą udział wybrane zabawki, a dziecko będzie naśladowało ich głosy.

** Zabawa pobudza wyobraźnię, daje przyjemność z odtwarzania różnych głosów.

Zabawa w Czarnego Luda

Kilkoro dzieci stoi w szeregu, trzymając się mocno za ręce. Naprzeciwko staje straszny Czarny Lud (może mieć pomalowaną twarz, może też założyć maseczkę). Grubym głosem kilka razy (to ważne!) pyta dzieci: — Boicie się Czarnego Luda? — A dzieci głośno, żeby dodać sobie odwagi, bo naprawdę bardzo się go boją, odkrzykują chórem: — Nieee! — i uciekają. Złapane dziecko zostaje Czarnym Ludem.

Zabawa ćwiczy refleks, pozwala też dziecku przeżyć dreszczyk emocji.

Mydlane bańki

Co prawda przyrząd do puszczania baniek można kupić gotowy w sklepie, ale spróbuj wspólnie z dzieckiem przygotować go w domu. To ciekawsze i bardziej pouczające. Potrzebna ci będzie słomka, trochę płynu do naczyń i trochę wody. Najpierw pokaż dziecku, jak ma dmuchać w słomkę, aby uniosły się z niej tysiące kolorowych baniek. Która poleci najwyżej, która jest największa, a która będzie trwać najdłużej? Jeśli chcesz, aby bańki były bardzo duże, do płynu dodaj trochę cukru pudru, a zamiast słomki użyj szyjki plastikowej butelki. Teraz możecie puszczać bańki nawet na dworze.

Fascynująca zabawa, która rozwija wyobraźnię dziecka.

Jak w lustrze

Ty i dziecko stoicie lub siedzicie naprzeciwko siebie. Jedno z was — na przykład ty możesz zacząć zabawę — robi różne miny i wykonuje najprzeróżniejsze gesty, raz szybkie, raz powolne, smutne i wesołe. Dziecko stara się dokładnie cię naśladować — jakby było odbiciem lustrzanym. Jeśli nadasz zabawie szybsze tempo, twój dubler może nie nadążać, wtedy zwolnij albo zamieńcie się rolami.

*** *Zabawa daje szansę ukazania talentów imitatorskich i mimicznych malucha, uczy panowania nad gestami i mimiką.*

Najciekawsze strony

Zaproponuj dziecku inną możliwość wykorzystania książki. Wybierzcie razem z księgozbioru malucha najbardziej ulubione lektury. Poszukajcie najładniejszych ilustracji, obejrzyjcie je dokładnie i porównajcie. Po zamknięciu książeczek — każdy swojej — musicie szybko odszukać te wybrane obrazki. Kto zrobi to szybciej?

Możliwości zabawy z książką jest wiele. Na przykład dziecko wyszukuje tylko te ilustracje, na których jest kolor niebieski, są namalowane zwierzątka albo samochodziki, i tak dalej. Zasłoń ręką rysunek, a dziecko niech przypomni, co na nim było.

** Zabawa „oswaja" dziecko z książką, daje okazję do rozmowy o książce, wymaga koncentracji i skupienia.

Podarty portret

Przeglądając razem kolorowe czasopismo, wybierzcie jedno duże, kolorowe zdjęcie — najlepiej wyraźny portret. Po wyrwaniu kartki pozwól dziecku podrzeć fotografię na kilka kawałków (co za radość!). Następnie dziecko powinno odtworzyć portret, naklejając poszczególne części na białym lub kolorowym papierze. Nakleja je tak, żeby pomiędzy kawałkami papieru zostało puste miejsce. Powstanie całkiem nowy, interesujący obraz.

Dziecko poznaje nową technikę tworzenia obrazu, która daje zadziwiające efekty.

Niezwykły śmigłowiec

Wytnij z kartonu niewielki prostokąt, przytnij i zegnij tak, jak to zostało przedstawione na rysunku. Pomaluj według wskazówek małego lotnika. Teraz musisz tylko obciążyć ten niezidentyfikowany obiekt latający, na przykład spinaczem, i lekko podrzucić w górę. Wirujący lot opadającego śmigłowca zachęci dziecko do własnych prób i eksperymentów.

* Przestrzeń i latanie fascynują również najmniejsze dzieci. Ta najprostsza zabawka zachęci je do eksperymentowania i uważnej obserwacji zjawiska.

Piłeczka się toczy

Grający siadają na podłodze w rozkroku, tworząc prawie zamknięte koło. Ten, kto rozpoczyna grę, popycha lekko piłkę w kierunku jednego z uczestników zabawy, tamten odpycha ją w stronę następnego i tak dalej... zabawa toczy się aż do momentu, gdy piłka wydostanie się poza koło.

* Małe dziecko ma jeszcze trudności ze złapaniem piłki w powietrzu. Zabawa ta jest więc świetną wprawką do prawdziwej gry w piłkę. Ćwiczy zręczność i celność pchnięć.

Zobacz, jak wyglądam!

Każde, nawet malutkie dziecko, bardzo lubi się przebierać. Wykazuje niespodziewanie dużo fantazji podczas zabawy w przebieranki. Pozwól mu założyć spodnie i koszulkę tył na przód, rękawiczki na nogi, a skarpetki na ręce. Proszę bardzo! Zobacz, jak zabawnie wygląda w twoich butach i kapeluszu!

*** *Ta zabawa to nie tylko okazja do śmiechu, ale także pożyteczne ćwiczenie samodzielnego ubierania. Jeśli dziecko upora się z włożeniem koszulki tył na przód, łatwiej mu będzie ubrać się normalnie. I co najważniejsze, przebieranie rozbudza fantazję dziecka.*

Jak się całujemy?

Wiemy, jak całują się Eskimosi — po eskimosku oczywiście, czyli pocierają się nosami. Pocałunek motyli — to łaskotanie rzęsami policzka. Wymyślcie inne całusy, np. pocałunek lwa jest dziki jak on sam... A jak całują się koty? Wróble? Świnki? Nie zapomnijcie o pocałunku przesłanym na dłoni.

Ta zabawa to po prostu Święto Wielkiego Pieszczocha.

Trąf, trąf!

> Trąf, trąf
> misia bella,
> misia Kasia
> Kąfacella.
> Misia a,
> misia be,
> misia Kasia
> Ką fa ce!

Albo:

> Kipi kasza,
> kipi groch,
> lepsza kasza niźli groch.
> Bo od grochu boli brzuch,
> a od kaszy człowiek zdrów!

W czasie recytowania tych wyliczanek dziecko uderza rytmicznie piąstką o piąstką. Może też zmieniać rytm: dwa uderzenia w jedną, dwa w drugą rączkę itp.

Zabawa daje przyjemność rytmicznego recytowania. Dobre ćwiczenie pamięci i wyczucia rytmu.

Bazgrołki

Pozwól małemu artyście bazgrać do woli grubym flamastrem, długopisem lub miękkim ołówkiem. Później poproś go, aby bazgrołkami pokrył dokładnie całą powierzchnię dużej kartki papieru przytwierdzonej do ściany. Może wykonywać linie koliste, proste i łamane, ruchami zamaszystymi lub delikatnymi.

*Zabawa uczy kontrolowania gestów,
a także zagospodarowania całej dużej przestrzeni.*

Ojciec Wirgiliusz

W tej zabawie powinno uczestniczyć kilkoro dzieci, ale jeśli akurat jesteście tylko we dwójkę — twój maluch i ty, możecie zabawić się sami. Stajecie naprzeciwko siebie, a ty recytujesz wierszyk:

> *Ojciec Wirgiliusz*
> *uczył dzieci swoje,*
> *a miał ich wszystkich*
> *sto dwadzieścia troje.*
> *Hejże dzieci, hejże ha,*
> *róbcie wszystko, co i ja!*

Teraz maluch musi cię obserwować bardzo uważnie i powtarzać wszystkie twoje zaimprowizowane ruchy, gesty, a nawet proste czynności.

* Zabawa bardzo pożyteczna, bo nie tylko zmusza dziecko do uważnej obserwacji, ale także może być okazją do nauczenia go samodzielnego wykonywania prostych czynności — np. mycia rąk, wytarcia plamki na podłodze itp..

Robinson

Ślady stóp na wilgotnym piasku mogą zainspirować pożyteczną zabawę. Mały Robinson idzie tuż za tobą, starając się stawiać stopy dokładnie na twoich śladach. Ty z kolei starasz się urozmaicić swój marsz: idziesz tyłem, na palcach, na piętach, skaczesz ze złączonymi nogami, stawiasz stopy do środka. Dziecko cię obserwuje i stara się naśladować twój krok.

** Zabawa uczy obserwacji, oswaja z chodzeniem na bosaka.

Indeks alfabetyczny

Spis treści